PRECES E
MENSAGENS
PARA UM NOVO DIA

FREI ZECA

PRECES E MENSAGENS
PARA UM NOVO DIA

EDITORA
SANTUÁRIO

Direção editorial:	Pe. Fábio Evaristo R. Silva, C.Ss.R.
Conselho editorial:	Ferdinando Mancilio, C.Ss.R.
	Gilberto Paiva, C.Ss.R.
	José Uilson Inácio Soares Júnior, C.Ss.R.
	Mauro Vilela, C.Ss.R.
	Marcelo da Rosa Magalhães, C.Ss.R.
	Victor Hugo Lapenta, C.Ss.R.
Coordenação editorial:	Ana Lúcia de Castro Leite
Copidesque:	Luana Galvão
Revisão:	Bruna Vieira da Silva
Diagramação e capa:	Bruno Olivoto

Dados Internacionais de Catalogação na Publicação (CIP) de acordo com ISBD

S237p	Santos, José Carlos dos
	Preces e mensagens para um novo dia / José Carlos dos Santos. - Aparecida, SP : Editora Santuário, 2020.
	120 p. ; 11cm x 15cm.
	Inclui índice.
	ISBN: 978-85-369-0619-5
	1. Cristianismo. 2. Preces. I. Título.
2019-2078	CDD 240
	CDU 24

Elaborado por Vagner Rodolfo da Silva - CRB-8/9410

Índice para catálogo sistemático:
1. Cristianismo 240
2. Cristianismo 24

1ª impressão

Todos os direitos reservados à **EDITORA SANTUÁRIO** – 2020

Rua Pe. Claro Monteiro, 342 – 12570-000 – Aparecida-SP
Tel.: 12 3104-2000 – Televendas: 0800 - 16 00 04
www.editorasantuario.com.br
vendas@editorasantuario.com.br

Dedico este livro
*a minha mãe, Maria Edejair,
que, com simplicidade enternecedora,
reza a vida e acompanha meus passos;
a Dom Anuar Battisti, meu pastor, pai e amigo,
preciosa fonte de incentivo;
a todas as pessoas que procuram
transformar a vida em oração e a oração em vida.*

"A oração deve refletir a vida,
e a própria vida deve alimentar a oração."

Dom Paulo Evaristo Arns

AMIGO LEITOR, GRAÇA E PAZ

Este não é apenas mais um livro de orações e mensagens. É bem mais que isso. É o fruto bendito que partilhei com milhares de ouvintes em muitas manhãs, por meio do rádio.

Como comunicador, procurei recolher as intenções dos ouvintes, em um esforço de contemplar a fé e a vida em cada prece matinal.

Penso que isso seja ajudar a transformar a vida em oração e possibilitar que a oração reflita a vida.

Agora, quero partilhar este fruto com você, amigo leitor, desejando que ele lhe ajude a experimentar a alegria indescritível de começar, cada novo dia, sentindo-se abraçado por Deus e, por isso, acolhido e amado. E é preciso sentir-se assim para que a "oração reflita a vida e para que a vida alimente a oração".

Que você consiga experimentar essa graça e que ela se renove em todos os seus dias.

Amém.

O autor

1
A MEU CRISTO SEM BRAÇOS

Meu Cristo, sobre minha mesa,
eu te vejo sem braços e fora da cruz.
Apesar de tudo, não és um cristo incompleto.
Olhando-te, sinto que me pedes algo.
Parece-me que me pedes teus braços,
porque eles estão em mim.
Sim, os braços que tenho não são meus,
são teus, por isso eu te vejo sem braços,
porque tu te ocupas em carregar-me,
em levantar-me de meus tropeços.
Só agora compreendo por que te vejo sem braços,
e também por que te vejo sem cruz.
É que eu ainda não aprendi
a te enxergar em mim mesmo
e, muito menos, em muitos irmãos
que puseste em meu caminho.

Agora posso compreender que a tua cruz sou eu
e que tu me carregas com um grande amor,
um amor exigente,
que, ao mesmo tempo, me deixa livre.
Queres que eu acorde e que eu caminhe,
pois teus braços têm de ajudar a outros
e, em teus ombros, tens de carregar outras cruzes.
Queres que eu te siga, que eu seja "outro Cristo",
para ajudar a quem já nem pode caminhar,
por estar extenuado sob o peso da própria cruz.
Queres que eu aprenda, amando, a dar minha vida
por aqueles que já nem sabem por que vivem.
Eis-me aqui, Senhor!

2
ESPERANÇA

A esperança é uma música.
Embalados por ela, lutamos.
Pisamos as dores.
Realizamos sonhos.
E acalentamos desejos
de um amanhã risonho.
Tocar e cantar essa música
é um compromisso, quase dever.
Gravar no coração sua melodia
é apaixonar-se pela graça de viver.

3
ORAÇÃO PARA APRENDER A SERVIR

Senhor,
tenho em minhas mãos a graça de um novo dia,
o milagre da vida se renova em mim,
em meus irmãos, na natureza,
nas obras de tuas mãos.
Nesta manhã, apresento-te meu desejo
de buscar-te e minha necessidade de te encontrar.
Lança-me teu olhar, estende-me tuas mãos,
toca meu coração e enche-me de teu amor.
Faz-me compreender que te amarei mais e
melhor se amar meus irmãos;
que só poderei te encontrar
se meu caminhar seguir na
direção de meu próximo, dos pequenos,
dos necessitados de solidariedade.

Senhor, que eu não me esquive
da tarefa de servir e, que servindo,
encontre a felicidade que desejas para mim.
Que tua paz me acompanhe.
Tua bênção me renove.
E teu amor seja minha força.
Amém!

4
O AMOR É CEGO?

Dizem que o amor é cego!
Duvido disso!
Creio que ele vê demais.
Vê para além dos olhos humanos,
porque vê com os olhos de Deus.

5
ORAÇÃO DO COMPROMISSO

Eu te dou graças, Senhor,
porque estás presente em mim,
nas pessoas que amo,
na Igreja e no mundo inteiro.
Agradeço-te o repouso da noite e
a graça deste novo dia.
Peço-te, Senhor, que eu seja capaz de amar
todas as pessoas como tu as amas.
Que eu me coloque a serviço dos outros,
especialmente dos mais pobres, sem esperar
nenhuma recompensa.
Que eu te encontre nas pessoas
dos enfermos, dos idosos,
das crianças indefesas e abandonadas.
Que eu viva teu mandamento do amor
e me aliste no mutirão

pela construção de um mundo melhor,
onde não haja exploração, injustiças,
guerras e a ganância, que divide as pessoas.
Abençoa, Senhor, este novo dia
que me concedes viver
e faz de mim instrumento de teu amor.
Amém!

6
CONTRASTES

Os fortes
transformam em realidade
o sonho possível que podem sonhar.
Os fracos
transformam em UTOPIA
o sonho possível que podem realizar.

7
SOB O OLHAR DE DEUS

Senhor, é novo dia, manhã de mais uma jornada
que me convidas a seguir.
É teu amor que me conduz,
por isso te agradeço e te louvo.
Sou caminheiro que, caminhando entre
os homens, meus irmãos,
procura te encontrar e te servir.
Perdoa-me, Senhor, porque muitas vezes
tenho me desviado
e me perdido ao longo de outros caminhos
que não são os teus.
Peço-te, Senhor, olha por mim, com aquele olhar
com o qual olhaste Zaqueu;
olhar profundo que mudou sua vida.
Olha-me como olhaste Madalena;
olhar que a trouxe de volta à vida,

que a pôs de pé, que a perdoou
e a deixou em paz.
Olha-me como olhaste Natanael;
como olhaste e chamaste teus discípulos.
Com olhar profundo, que gele meu coração
e que imprima em mim teu selo;
selo de pertença a ti,
e da vocação para te servir.
Sentindo-me tocado, amado, transformado,
que eu aprenda a olhar a cada irmão
que caminha a meu lado,
com bondade, compaixão,
amizade, solidariedade
e um grande amor fraterno.
Amém!

8
APOCALIPSE

A morte ganha espaço nas telas.
Assistimos a tudo, em silêncio.
Enchemos os olhos de violência.
Somos espectadores atônitos da TV tragédia,
das manchetes sangrentas,
que nos indicam um limite crítico.
Parece-nos ter chegado ao começo
de um fim patético,
irracional e apocalíptico.

9
PARA APRENDER A DAR A VIDA

Senhor Jesus, começo minha oração deste dia
recordando-me de tuas palavras:
"Ninguém tem maior amor do que aquele
que dá a vida pelo irmão".
Compreendo perfeitamente
que tu não apenas disseste essas palavras,
mas as cumpriste integralmente.
Deste tua vida pelos homens,
por mim particularmente.
Morrendo, deste-nos a vida e,
ressuscitando, asseguraste-nos
a herança de uma vida que não morre mais.
Peço-te, meu Senhor, que me ajudes a descobrir,
hoje, as muitas formas de se dar a vida,
porque pensamos quase sempre que só
podemos dar a vida pelos irmãos se nossa
morte for violenta, como a tua.

Nem sempre imaginamos o "dar a vida"
como um processo diário,
feito de pequenos gestos,
de uma palavra amiga,
de uma presença solidária,
de uma atitude de luta pela justiça,
de uma vida partilhada
em suas muitas formas de ser e de ter,
do despojar-se e pensar menos em si
para querer o bem do outro.
Senhor, ensina-me a amar até
as últimas consequências,
pois eu creio que só deste a vida por nós
porque nos amaste até o fim.
Ajuda-me a fazer da vida que me deste
um dom a ser partilhado, doado,
imolado, consumado,
com amor e por amor.
Amém!

10
AMANHECER

Quem dera fosse cada amanhecer
uma manhã de homens novos,
despertando para a vida, sedentos de amor e
conscientes do dever de amar.
Quem dera acalentassem em seus peitos
as sementes de uma nova história,
que dessem prioridade à justiça
para se ter a paz como consequência.
Talvez, assim, a tão sonhada felicidade
pudesse deixar de ser utopia
para tornar-se realidade.

11
OFERTA DA VIDA

Senhor, pai amoroso, graças e louvores a ti
pelo dom de todos os dons: pela vida.
Obrigado pela dádiva de um novo dia.
Na paz desta manhã, peço-te, humildemente,
a sabedoria e a força.
A sabedoria, para colocar-me todo inteiro,
com minha inteligência, sensibilidade
e afetividade,
na busca de uma maior e mais profunda
intimidade contigo;
a força, tua força, para não fracassar
juntamente com esse meu desejo.
Fica comigo, Senhor, do início ao fim deste dia.
Caminha comigo!
Se preciso for, carrega,
em teus braços de bom pastor,

a mim, esta ovelha tantas vezes desgarrada,
rebelde, mas sedenta e faminta de ti.
Com desejo sincero de experimentar teu amor
sempre fiel, coloco-me em tuas mãos e te
ofereço toda minha vida.
Toma posse de minha existência
para que eu não ouse
apropriar-me desse dom que me foi dado por ti.
Para que eu o viva melhor, conforme teu querer,
converte-me, Senhor.
Transforma-me!
Abençoa-me!
Que em mais nada eu encontre
alegria verdadeira,
se não em ser teu filho
e irmão de todos os homens,
amando-te e amando-os, sem meias medidas,
com todas as forças e com caridade prestativa.
Amém!

12
VIDA

O Deus da vida não tira a vida.
Resgata.
Transforma.
Convida.
Acolhe e abraça.
Oferece outra vida:
vida que não morre mais,
aconchego de eterna paz.

13
SÚPLICA

Bom dia, Senhor!
Quero falar um instante contigo,
antes de começar a correria de mais
uma jornada de trabalho.
E, hoje, quero rezar pelas pessoas
que perderam a esperança.
Em meu caminho, tenho encontrado muitas
pessoas prostradas, vencidas, desesperadas.
Elas venderam seus ideais.
Acreditaram, demasiadamente,
em certas ideologias.
Trocaram sua fé por outra fé.
Esqueceram valores importantes: a dignidade,
a simplicidade, a amizade, a oração, o silêncio,
o amor desinteressado.
Alimentaram a sede de TER e esqueceram
que é mais importante SER:

Ser teu filho, ser irmão de todos,
ser cristão, ser humilde,
ser amado e amar; ser gente.
São pessoas que caminham
vazias de sentido pela vida.
Vazias de esperança.
Colocaram o trabalho acima de tudo,
as leis acima do homem,
o lucro acima da vida.
Olha, Senhor, por essas pessoas!
Que tua graça lhes toque o coração
e as desperte.
Que elas sejam libertas do pesadelo
do orgulho, da autossuficiência,
do endeusamento das riquezas e
reconheçam, humildemente, que só tu
és o absoluto de nossa vida, o único necessário.
Que elas encontrem a esperança,
o sentido da vida, o valor da fé,
a força da oração, a graça da amizade,
a redescoberta da felicidade
e a grandeza da vocação fundamental
à qual foram chamadas: o amor.
Antes de terminar esta prece, Senhor, peço-te
que não me deixes perder jamais a esperança
nem a certeza de que só tu és
o único absoluto de minha vida,
minha segurança, meu pastor.
Amém!

14
CLAMOR

Deus infinito...
Contemplas o finito que sou?
Sou passos à tua procura.
Sou espera.
Sou clamor.
Olha para mim!
Sou amor ainda pequeno
e só posso viver se beber de ti.

15
O ROSTO DE DEUS NOS IRMÃOS

Senhor, amanhece um novo dia.
Dia que teu amor o fez possível,
revestindo-o com teu olhar de novidade
e renovação,
dando-lhe tua vida, teu resplendor.
Nesta manhã, toma minha vida, Senhor.
Nela eu te louvo.
Na primeira aurora, elevo a ti minha oração,
para dar-te graças pela luz do madrugar
e para pedir-te também que teu olhar abra
a visão de meus olhos.
Concede-me te encontrar nos outros
ao longo deste dia.
Teu rosto escondido descobre-se
para mim, teu rosto de fome, rosto sofrido,
sem nome; no entanto, teu rosto vivo,
presente em meus irmãos de jornada.

Dá, Senhor, ao dia de hoje sentido verdadeiro;
seja em ti um dia pleno.
Nesta manhã, agradecido,
eu te louvo e, confiante,
entrego-me em tuas mãos, para que faças de mim
um instrumento de tua paz.
Amém!

16
A FORÇA DO AMOR

Há uma alegria ecoando aqui dentro.
Um homem está se fazendo,
amando e sendo amado.
Que o universo faça silêncio,
para ouvir, extasiado, a melodia da alegria,
que já não pode ser mais contida.
Bendito amor!
Força capaz de operar milagres,
de gerar esperanças novas
e de trazer alguém à vida!

17
PAI-NOSSO

Senhor Jesus, um dia ensinaste teus discípulos
a rezar uma oração nova,
que marcou o início de um novo
relacionamento com Deus.
Quiseste que eles experimentassem a alegria de
sentir a oração como encontro dialogante
entre o Pai e os filhos.
Por isso disseste:
"quando rezardes dizei assim:
'Pai nosso, que estás no céu'".
Meu Senhor, ensina-me também a rezar
essa oração tão bonita,
com o coração, com a vida, com as obras,
pois eu só aprendi a proferi-la com os lábios.
E, quando eu disser "Pai nosso, que estás no céu",
não se esqueça meu coração de que estás

aqui, no meio dos homens,
em mim e em cada irmão.
Quando eu pedir que "venha a nós teu Reino",
que eu me lembre
de que o Reino já está no meio de nós,
de que podemos vivenciá-lo,
quando construímos pontes
que ligam as pessoas a Deus
e não muros que separam;
quando partilhamos a vida e o pão
e não fechamos mãos e coração
para reter o que podemos partilhar;
quando perdoamos e pedimos perdão e não
alimentamos ódio, vingança e rancores;
quando amamos e somos amados
e não nos julgamos autossuficientes,
sem amor para dar e nada faltando para receber;
quando vencemos o mal pelo bem
e não deixamos o mal nos vencer.
Senhor, pela graça deste novo dia,
muito obrigado.
Concede-me vivê-lo como oportunidade
que me dás,
para que eu aprenda a ser filho
e irmão de todos,
na reciprocidade do amor.
Amém!

18
CONTRADIÇÃO

Posso apagar um sorriso,
mas posso provocar um gargalhada.
Posso elevar alguém, mas posso rebaixá-lo a nada.
Posso ter amigos, mas posso beber
o cálice da solidão.
Posso escolher o céu, mas posso criar
meu próprio inferno.
Posso devastar flores, mas posso cultivar jardins.
Posso vender meu corpo, mas posso
guardar minha dignidade.
Posso e mereço ser feliz, mas posso viver
uma vida amargurada.
Posso quase tudo...
E, no entanto, posso quase nada.

19
ORAÇÃO DA JUVENTUDE

Senhor,
hoje quero rezar a minha juventude.
E começo minha prece agradecendo-te
o dom da vida.
Muito obrigado, porque sou fruto de
tua liberdade de criar
e do teu amor, que faz o homem e a mulher
participantes na obra da criação.
Talvez minha oração seja jovem demais,
imatura, pequena e sem profundidade.
Mas eu tenho sede e fome de ti.
Sinto necessidade de tua proteção e creio
que só estou seguro
quando me abandono em tuas mãos.
No início deste dia, recebe, Senhor,
minha vida toda inteira.

Recebe meus sonhos e as confusões
que este mundo semeia em minha mente.
Recebe minha liberdade e minha necessidade
de um ideal que plenifique de sentido
minha existência.
Aceita, Senhor, minha coragem
de contestar os valores
que este mundo prega, meu inconformismo
com as injustiças,
desigualdades, preconceitos e toda forma de
dor que fere a vida,
que faz o homem ser menos gente e menos feliz.
Dá-me forças, Senhor, para passar do
inconformismo à ação transformadora.
Ajuda-me a construir um mundo melhor,
onde quer que eu esteja:
em minha família, em meu trabalho,
em meu grupo de amigos
e na comunidade...
Que minhas palavras, minhas ações,
meu jeito de ser, de amar e de acreditar traduzam
para todos os jovens a graça de tua presença.
Faz de mim instrumento de teu amor, de tua paz
e de teu coração de Pai.
Amém!

20
OVERDOSE

Nunca vi ninguém morrer
de uma OVERDOSE de felicidade.
Mas já vi muitos jovens enveredarem
por um caminho maldito e dele
não poderem mais sair.
E depois de tantas experiências,
e de tantas doses,
morrerem alucinados,
acreditando que eram felizes.

21
ORAÇÃO DA AMIZADE

Divino amigo, Jesus,
Tu, que nos mostraste o valor da amizade,
quiseste ter amigos a teu lado
e os transformaste em Discípulos e Apóstolos,
em anunciadores e construtores de teu Reino.
Tu nos ensinaste, na prática do amor concreto,
que não há maior prova de amor do que
dar a vida pelos amigos.
Ajuda-nos a transformar os irmãos
em grandes amigos,
e os amigos em verdadeiros irmãos.
Inspira-nos a criar condições
para que os inimigos
façam a aliança da paz
e para que ninguém padeça de solidão.
Ensina-nos a valorizar os amigos que nos deste.

Que a solidariedade seja nosso jeito de viver
o mandamento do amor.
Que a amizade seja, entre nós, a linguagem
que teu coração nos comunica;
linguagem universal, a ser entendida por todos,
sem distinção de raça, de cor,
de denominações e condição social.
Vem, Jesus, a nosso encontro,
porque que o mundo parece deserto.
Ajuda-nos a povoá-lo com a amizade;
uma amizade repleta da ação
de teu Santo Espírito, para que a face da terra
seja renovada.
Amém!

22
MISTÉRIO SEM FARSA

Agora, meu amigo, por onde quer que vás,
levarás contigo meu coração.
Bem sabes que não mais estarás só.
Eu estarei contigo onde estiveres.
E levarei comigo teu coração.
Viveremos a dois essa simbiose
que o mundo desconhece,
essa graça que Deus nos oferece,
esse mistério sem farsa
que nos revela um ao outro: a AMIZADE.

23
ORAÇÃO PELOS PAIS

Senhor, nosso Deus,
nós te louvamos e te agradecemos
por nossos pais aqui na Terra.
Com tua graça, eles abraçaram essa missão
de revelar tua face paterna,
de participar na obra da criação,
de cuidar da vida.
Temos pais de todos os jeitos
e de todas as condições:
pais pobres, pais ricos, pais que são dóceis,
pais que abandonam seus filhos
e pais que acompanham seus filhos no
caminho da vida.
Temos pais abertos ao diálogo,
e pais que não sabem dialogar.

Temos pais que sabem demostrar seu amor
por meio de gestos concretos,
e pais que não sabem manifestar o carinho.
Hoje, Senhor, pedimos-te por todos os pais,
que todos aprendam de ti como ser
verdadeiramente Pai.
Derrama sobre eles tuas bênçãos infinitas,
em forma de saúde, paz interior, fé,
alegria, serenidade e capacidade de amar.
Ensina-nos a sermos filhos amáveis,
compreensivos e eternamente agradecidos
pelo pai que nos deste na Terra.
Que nós, pais e filhos, vivamos a graça
de tua presença
e de teu amor, que nos faz família.
Amém!

24
O AMOR É... O AMOR

O amor é poliglota.
Sua sapiência esgota as palavras.
Fala todos os idiomas.
Entende todos os dialetos.
Sua linguagem atinge a todos, os letrados,
as crianças e os analfabetos.
O amor é forte, jamais prepotente.
É humilde e benevolente.
É divino, divinizando o humano.
E habita a terra sem ser mundano.
O amor se compraz em ser amor
e não deseja ser outra coisa
Senão apenas: AMOR.

25
AO DEUS DO MISTÉRIO E DA SIMPLICIDADE

Bendito sejas, Senhor Deus!
Deus do mistério e da simplicidade.
Deus do escondimento e da transparência
nas obras criadas.
Deus da Justiça, dos braços abertos
ao filho que volta;
dos ouvidos atentos ao clamor do oprimido;
das mãos estendidas para conceder graças.
Deus do perdão e da festa.
Bendito sejas pela vida que proclama
teu nome a todos os ventos;
pelo amor infinito com que amas;
pela tua inesgotável capacidade de criar.
Louvado sejas pelos encantos do Universo;
pela generosidade da terra;
pela natureza, espelho que reflete tua grandeza.

Louvado sejas pela liberdade,
na qual e com a qual plasmaste o Homem,
pela felicidade, cuja conquista
enche de sentido a existência do homem
que caminha para ti,
do homem que luta, transforma, ama
e se descobre amado.
Bendito sejas, Senhor,
por mais este dia que nasce por ti.
Que possamos vivê-lo no amor, no compromisso,
na simplicidade e na participação.
Sustenta nosso viver,
para que te revelemos a todos,
na transparência de nosso modo de ser,
de sermos irmãos,
cristãos, filhos teus.
Amém!

26
AMAR VALE A PENA

Amei?
Sim, amei!
E não amei com alma pequena.
Aqui dentro, o coração me diz:
ter amado valeu a pena.
Valeu toda a saudade,
toda a lágrima, toda a vida, toda a pena.

27
AO DEUS DO PERDÃO E DA FESTA

Senhor, nosso Deus, pai de ternura
e de misericórdia,
é assim que tu és.
És aquele pai que vê o filho ingrato
partir para longe
e fica esperando por sua volta,
por seu pedido de perdão,
para acolhê-lo, cobri-lo de beijos,
perdoar-lhe, devolver-lhe a
dignidade perdida e fazer festa em sua vida.
És o pai, Bom Pastor, que busca a ovelha perdida,
que cura suas feridas e a coloca nos ombros,
trazendo-a de volta ao rebanho.
Para ti perdoar é uma grande festa,
é dar a vida.

Senhor, pai de misericórdia,
em minha oração de hoje,
eu te peço: ensina-me a perdoar
a meus irmãos,
não uma única vez, mas quantas vezes
forem necessárias.
Ensina-me a perdoar quando eu for ofendido.
E, mesmo que seja doído,
ensina-me a pedir perdão.
Que eu não perca a ternura de meu coração,
para que minha vida não se converta
em um depósito de amargura,
rancor, ódio, inimizades.
Por isso, com tua graça,
que me é indispensável, ajuda-me a fazer do
perdão recebido e do perdão oferecido
uma fonte poderosa de libertação.
Senhor, Pai muito querido, guarda-me neste dia,
junto a teu coração, sob teu olhar,
seguro e livre em tuas mãos.
Dá-me tua bênção e tua paz.
Amém!

28
ERRO E PERDÃO

Errar é apenas humano.
Perdoar é humano e divino.
É perdoável que se erre tentando acertar,
mas é condenável que se perca a dignidade
depois de tanto errar.

29
UMA PRECE SEM PRESSA

Senhor Jesus, que disseste:
"Vinde a mim vós todos que estais cansados
e oprimidos e eu vos aliviarei",
escuta a prece que elevo a ti.
É a prece de quem tem vivido o dia a dia
com muita pressa,
preocupado com os afazeres, com os negócios,
com as possibilidades de ter lucros;
preocupado até com as preocupações
do dia de amanhã.
Agora, Senhor, quero ouvir um pouco,
colocar-me a teus pés,
ouvir tua palavra e sentir tua presença.
Quero escolher a melhor parte,
como fez Maria, a irmã de Marta,
quando foste acolhido em Betânia.

Desejo que entres em minha casa
e que faças morada em mim.
Senhor, que eu não ande
demasiadamente preocupado
com as novidades que o mundo oferece.
Mas que eu me preocupe em aprender a amar,
pois o amor permanece,
enquanto o mundo passa.
Concede-me lutar pela vida e pelo pão,
sem perder minha alma,
sem perder a ternura de meu coração
e sem deixar de encontrar a felicidade.
Por hoje é só, Senhor.
Fica comigo ao longo desta nova jornada.
Abençoa-me e inunda de paz meu viver.
Amém!

30
SÉCULO DA PRESSA

Hoje não quero ter pressa.
Vou percorrer as ruas,
fruir das sombras dos bosques,
galgar as escadarias,
apoiar-me no corrimão dos viadutos
e, de lá, olhar a cidade.
Quero ver as pessoas a ir e vir,
em uma pressa alucinante;
como que temendo alguém,
brigando com o tempo ou fugindo de si mesmas.
Mirando cada rosto, vou descobrir, com certeza,
a tristeza disfarçada em alegria.
Tristeza por sermos vazios, alienados
e coisificados,
mais robôs que homens,
absorvidos pelo século da pressa.

31
ORAÇÃO DA TERNURA

Senhor, louvado sejas pela graça deste novo dia,
que teu amor me convida a viver.
É mais uma jornada de vida
a ser percorrida sob teu olhar,
em companhia daqueles que me deste
por amigos e irmãos.
Não permitas, Senhor, que eu caminhe só.
Que eu não me feche em meu mundo
limitado e egoísta.
Que eu não guarde ódio no coração.
Quero libertar meu irmão ao perdoar-lhe,
e sentir a alegria de ser perdoado.
Dá-me a graça de sustentar o desejo de paz,
para que eu não alimente o desejo de vingança.
Quero muito viver o amor
que não se cansa de ser bom.

Não permitas, ó meu Senhor, que eu me
instale em meu comodismo.
Ajuda-me a ser um Cristão solidário e fraterno,
um homem de fé, não de uma fé
morta em si mesma,
mas uma fé viva, participativa,
que me impulsione no exercício das boas obras.
Inunda-me de tua luz, para que,
na transparência de um jeito
bem fraterno de viver, eu revele a todos
tua presença amiga e tua ternura paterna.
Amém!

32
O AMOR

Todas as juras de amor são quase nada,
insuficientes,
para descrever com fidelidade a intensidade
com que se jura.
O amor não cabe em si.
Não se esgota em conceitos.
Não se deixa definir por meias palavras
ou frases completas.
Tudo pode.
Tudo perdoa.
Tudo suporta.
Tudo fala, quando a alma cala.
Harmoniza e pacifica,
mesmo na revolução de uma paz inquieta.

33
ORAÇÃO DA CONFIANÇA

Senhor Deus, meu pastor, meu pai e amigo,
na graça deste novo dia, renovas em mim
o dom da vida.
Faz-me sempre consciente de que, sem ti,
eu nada posso e nada sou.
Concede-me viver esta nova jornada
com alegria e esperança,
com um coração aberto ao perdão,
à solidariedade fraterna e
ao espírito comunitário.
Que eu te ame em meus irmãos,
porque tu vives neles.
E que a certeza de que tu moras em mim
se converta em minha grande força, para que
nada me abale nem me derrote:

nem a tristeza, nem a dor, nem a pobreza,
nem a doença, nem os maiores problemas.
Que eu me sinta seguro em tuas mãos,
confiante em teu agir,
em tua providência, crente em teu perdão
e profundamente certo de que
me amas verdadeiramente,
porque sou teu filho e, como tal,
só posso viver em ti,
meu autor, princípio e fim.
Por mais um dia, obrigado Senhor!
Amém!

34
CONVITE DA VIDA

Todos os dias, eu olho nos olhos da vida.
E ela, simplesmente,
convida-me
a dar um novo passo
em direção ao porvir.
O que importa é seguir,
sem me inquietar
se vou chorar ou sorrir.

35
ORAÇÃO EM FAVOR DOS IRMÃOS

Senhor, nosso Deus,
este novo dia é gratuidade de teu coração
e de teu querer.
Somos obras de tuas mãos
e de teu amor sempre fiel.
Ama-nos sempre, não porque somos bons,
mas para aprendermos a ser filhos
e irmãos uns dos outros.
Concede-nos, Senhor, aprendermos a amar
em teu amor.
Dá-nos a audácia da caridade,
a capacidade de perdoar,
a ternura fraterna, uma fé forte
que não se curve diante
dos problemas e dos sofrimentos.

Conforta e abençoa os doentes que estão
nos hospitais, nos lares ou
renegados nos becos da vida.
Abençoa nossas famílias.
Que cada lar seja tua Igreja Doméstica,
o santuário da vida, o lugar do amor.
Abençoa as crianças, os jovens, os idosos,
os trabalhadores, os profissionais da saúde,
nossos governantes, os professores,
os sacerdotes, os religiosos e as religiosas,
os catequistas, os leigos comprometidos
em nossa comunidade.
Abençoa teu povo, Senhor!
Amém!

36
SOLIDARIEDADE

Solidariedade não é apenas uma palavra,
é um gesto concreto que realiza
um "milagre humano";
porque aproxima as pessoas,
ensinando-as a repartir
e a sentir as dores alheias.

37
ORAÇÃO DE APRENDIZ

Senhor e pai, diante de ti, recolho-me,
ajoelho-me, entrego-me.
Sou um milagre vivo,
parte integrante do grande milagre
que este novo dia traz em suas entranhas.
Dá-me, Senhor, estar aberto a ti.
Dá-me deixar amar por teu amor.
Que eu seja feliz sabendo-me amado.
Peço-te, porém, que eu aprenda a amar.
Amar-te em mim, amar-te nos irmãos,
amá-los em ti.
Recebe, Senhor, meu louvor e meus pedidos.
Toma em tuas mãos as lágrimas de ontem
e as esperanças de hoje.
Aceita meu desejo de seguir caminhando,
buscando-te,
apesar de minhas fraquezas.

Basta que eu te encontre, Senhor,
para que, na escuridão de minhas noites,
eu tenha a luz de tua presença.
Amém!

38
SOMBRA E LUZ

À sombra de minha sombra,
sou anseio vivo pela luz.
Desejo romper o véu de minha noite,
noite de trevas espessas,
que me fazem quase jazer na sombra
de minha sombra.
Quem me dera pudesse sentir um fio de luz,
luz de Deus, sobre mim.
Eu renasceria mais feliz,
e minha noite estaria perto do fim.

39
ORAÇÃO PARA APRENDER A PERDOAR

Senhor, muito obrigado porque me chamas
para um novo dia.
Viver é bom, graça que teu amor me concede.
Mas, em meio aos agradecimentos,
tenho algo a te pedir:
que eu aprenda a enxergar o lado bom
de cada pessoa,
o lado positivo de suas ações;
que eu procure lembrar sempre os benefícios
recebidos das pessoas e que
eu demonstre a todos o quanto sou agradecido
e feliz pelo bem que recebo.
Peço-te também que eu seja capaz
de perdoar, de esquecer as calúnias,
o desamor que porventura eu vier

a receber de alguém;
que eu os escreva na areia, para que
o primeiro vento que passar apague tudo,
e meu coração, tendo perdoado, conserve-se
na paz dos irmãos e na graça de teu amor.
Amém!

40
MATEMÁTICA DO AMOR

A matemática do amor é simples.
Das quatro operações, conhece apenas três.
Não sabe subtrair.
Compraz-se em somar
e multiplica para dividir.
Em cada coração em que conquista
o amor, faz questão de imprimir
a fórmula de seu eterno milagre:
dividir-se sem diminuir.
Eis a razão por que um coração que ama
quanto mais dá de si
tanto mais lhe sobra para repartir.

41
UMA PRECE AO AMANHECER

Senhor,
contemplar uma nova manhã é dádiva
de tua bondade.
É um novo dia que me convidas a viver.
E eu quero vivê-lo, com a felicidade
de quem te reconhece Pai,
com a simplicidade de quem crê
em tua providência,
com a determinação de quem luta
para ser merecedor de tanto amor.
Faz com que eu te encontre
em cada uma de tuas obras,
que eu descubra, na disponibilidade de servir,
o sentido que procuro para a vida.
Fica comigo, Senhor, do início ao ocaso deste dia,
para que eu te revele aos outros, na serenidade
de quem está sempre contigo.
Amém!

42
É PRECISO AMAR

Se o homem não tiver esperanças,
abortará seus melhores sonhos.
Se não tiver vontade de crescer,
será como um parasita,
satisfeito com a paz da acomodação.
Se não tiver coragem de lutar,
será devorado pelo medo,
e a covardia minará seu ser.
Se não souber perdoar,
não terá compaixão, talvez nem de si
nem muito menos do sofrimento alheio.
Se não tiver fé, não poderá escapar
do vazio angustiante.
Se não souber cativar, continuará fechado
em seu pequeno mundo,
sem poder fugir das garras da solidão.

Se achar que se basta a si mesmo, morrerá na aridez de seu deserto sem oásis.
Se não souber amar, não saberá para que viver.
Será um peso no mundo, um zero à esquerda.
Alguém que vegetou e que já morreu sem saber.

43
POR UM NOVO DIA

Senhor, é maravilhoso poder acordar
e contemplar um novo dia... ver que as
maravilhas de tua criação testemunham
tua presença, grandeza e bondade.
O sol brilha forte, e o vento é o maestro que
faz bailar as plantas e farfalhar as folhas,
ao som do canto das aves.
As flores se abrem para ver um novo arrebol,
o milagre da vida,
que não é somente sucessão de horas ou dias,
mas puro dom de teu amor infinito.
Em cada pessoa que encontro, sinto que o
amor de teu pai
nos quer irmãos.
Tudo, a meu redor, é um hino de louvor,
e neste louvor está minha vida,
meus sonhos, meus projetos e cada segundo

de meu presente,
que, com este louvor universal,
recebe uma nova carga de esperança.
Sinto que me olhas, que me abençoas e me dizes:
eu te amo, és meu filho, sê feliz!
Concede-me, Senhor, fazer de ti meu ideal,
o ponto de partida e de chegada,
para que eu te louve sempre pelas graças
e bênçãos que me dás.
Obrigado, meu pai!
Amém!

44
MILAGRES DO COTIDIANO

Ouça os pássaros.
Olhe as estrelas, especialmente aquela,
na qual um amigo prometeu estar.
Extasie-se com o nascer do dia.
Sinta a brisa das manhãs, o perfume das flores
que lhe dizem "bom dia", em uma linguagem
que você desconhece.
Aspire o cheiro da terra molhada,
cuja chuva mansa matou a sede.
Encante-se com o pôr do sol,
que tinge as nuvens de várias cores,
em uma aquarela maravilhosa,
espetáculo gratuito e sempre novo.
Ouça o borbulhar de um riacho e sinta
o frescor de suas águas,
suavemente beijando seu corpo.

Olhe nos olhos da vida.
Caminhe de mãos dadas com ela,
cantando, em todas as notas,
uma canção de esperança.
Não se negue perceber cada gesto de AMOR,
e deixe-se ser tocado pela
ternura de uma criança.
Depois de contemplar tantos milagres,
será impossível manter-se indiferente.
Você não terá motivos para ficar triste,
porque não haverá mais razões para descrer
que Deus existe.

45
LOUVOR

Bendito sejas, Senhor, pela vida
que sorri inocente
nos lábios dos anjos pequenos,
pela vida vegetativa, que irrompe das sementes,
desabrocha em flores e se torna frutos,
pela vida que canta e encanta,
nos festivais matutinos,
pelas aves grandes e pequenas,
que fazem de seus alegres cantos
uma canção de puro louvor.
Bendito sejas pela vida em liberdade, que,
graciosamente, ganha os ares nas asas frágeis
das aves, dos insetos e das borboletas,
em um desafio
à lei da gravidade.
Louvado sejas pela vida do homem,
capaz de pensar, de crer e de amar,

capaz de abrigar
em um coração tão pequeno
o mistério insondável e infinito de tua existência.
Na terra, nas águas e nas alturas,
recebe, Senhor, o louvor que te compete,
a oração da vida, o louvor das criaturas.
Amém!

46
CAPELO GAIVOTA

Sou como Capelo Gaivota, livre para voar nas asas da liberdade.
Desejoso de ir muito além... desafiar meus limites, deixar de lado a mediocridade.
Correr riscos por um ideal.
Buscar sempre mais!
Usar meu arsenal de potencialidade
para ter coragem de vencer o medo
de fracassar depois de ter tentado,
e o temor de descobrir o inusitado.
Sou como Capelo Gaivota.
Nasci para ser livre...
para não me cansar de tentar,
para levantar-me após cada queda,
recompor as esperanças esfaceladas
e alçar um novo voo,
com desejo de ser feliz!

47
ORAÇÃO SALMO 42

Senhor, minha alma te procura e te deseja.
Eu te busco, como a ovelha sedenta
à procura das águas frescas do riacho,
como a corça, que suspira pelas águas correntes.
Minha alma tem sede de ti, que és o Deus vivo,
Deus de minha vida e minha salvação.
Estou com saudades do encontro contigo,
da doce paz que tua presença me infunde,
da segurança que tuas mãos me oferecem,
do perdão que jorra de teu coração de Pai.
Que minha alma não se deixe abater,
mas espere confiante
em teu amor, em tua palavra.
Recebe, Senhor, nesta manhã, minha procura,
meu desejo de te encontrar.
Recebe minha esperança,

minha vida toda inteira,
como ação de graças por tua bondade
que me concede viver mais um dia.
Basta que me toques.
Basta que eu te encontre,
que eu te ame e te revele a todos.
Amém!

48
CONSTRUÇÃO DE MIM

Minha vida é um desafio.
Eu me construo dia a dia.
E, por hora, sou a soma de minhas virtudes,
tentando vencer a barreira dos erros.
Enquanto caminho, sou passível de quedas.
Mas quedas não são derrotas,
são riscos da ousadia de progredir.
É melhor a coragem de quem cai e se levanta,
que a covardia de quem se faz parasita.
Eu preciso fazer-me... ampliar meus horizontes,
permanecer de pé em meio às tempestades
e renunciar à quietude de uma paz acomodada.
Preciso prosseguir, sem medo de recomeçar.
Prosseguir... sentindo os efeitos lentos dessa
metamorfose que desinstala, buscando
o melhor de mim, neste finito caminhar.

49
AVE, MARIA, CHEIA DE GRAÇA...

Ave, Maria, Mãe de Jesus.
Eis-nos, teus filhos, no início de
um novo dia de vida,
elevando a ti nossa prece.
Queremos aprender de teu coração materno
as virtudes da humildade, da esperança
inabalável, do amor paciente e prestativo,
do perdão sem reservas, da coragem
de seguir até o calvário, da certeza da Ressurreição.
Ensina-nos a ser filhos, segundo o coração
de teu filho Jesus.
Ajuda-nos a viver a fraternidade
da família de Nazaré.
Dá-nos, aprender de ti, o valor
do silêncio orante,
da escuta e da vivência da palavra de Deus,

da confiança e do abandono de nossa vida
nas mãos do Senhor.
Impelidos pelo Espírito Santo,
possamos dizer como disseste:
Eis teus servos, Senhor.
Faz de nós cumpridores fiéis de tua vontade.
Ave, Maria, cheia de graça!
Senhora da solidariedade.
Caminha conosco ao longo desta nova jornada.
Amém!

50
A BÊNÇÃO DO AMOR

Quando o amor chegou, eu morria, sem saber.
O amor me abençoou.
Osculou minha cabeça.
Arrancou-me de meu nada.
Tocou meu coração.
Mostrou-me sua face.
Estendeu-me suas mãos e convidou-me a viver.
Eu, que já pensava ser tarde demais, conheci o amor.
Olhei seus olhos.
Bebi de sua paz.
Ouvi sua voz e acertei caminhar a seu lado.
Hoje, já não sou o mesmo de outrora.
Há felicidade nos dias meus.
Aprendi a amar...
Deixo-me ser amado.
Vivo o amor humano:
sagrada faísca do amor Deus.

51
ORAÇÃO PARA CRESCER NA FÉ

Bom dia, meu Senhor, meu Pai, meu amigo.
Hoje, quero rezar minha fé;
esse precioso dom que me foi dado por ti.
Eu nem sempre o cultivo.
Nem sempre busco, na oração e em tua palavra,
o alimento para a fé que me destes.
Às vezes, no corre-corre da vida,
minha fé parece ser bem menor
que as preocupações, menor que meus medos,
menor que minhas dúvidas.
Sinto-me perdido, confuso, vazio,
como barco pequeno, à deriva,
em um mar tempestuoso.
Busco a mim mesmo e não me encontro.
Busco-te nos irmãos e não experimento
tua presença.

Meu Senhor, é muito triste estar assim!
Tu, que és misericórdia, tem piedade de mim.
Vem a meu encontro e sacia esta sede
que tenho de ti,
esta necessidade que é maior
do que minhas forças.
Concede-me um raio de tua luz,
e isso já será suficiente para dissipar minhas trevas.
Acalma, Senhor, a tempestade que se estabeleceu
no mar de minha vida.
Dá-me tua mão e sede meu socorro,
assim como socorreste
Pedro em sua falta de fé.
Firma meus passos em teu caminho,
para que eu não me perca nos milhões de atalhos
e encruzilhadas que o mundo apresenta.
Aumenta minha fé! Fortalece meu amor e dá-me,
neste novo dia, a graça da paz interior.
Amém!

52
DEUS, ONDE ESTÁS?

Deus, onde estás?
Percebes que te procuro?
Já tenho os pés feridos e carrego marcas
de uma busca incerta, angustiante e deserta.
Vivo tão cheio de dúvidas e vazio de ti.
Onde habitas?
Onde é teu céu?
Onde posso te encontrar?

53
ORAÇÃO PARA UM RETIRO ESPIRITUAL

Senhor, eis-me aqui,
procurando tua face, buscando teu amor.
Estou deixando o barulho,
a correria de meu dia a dia,
para estar a sós contigo, nesta solidão
que me ampara,
acolhe-me e refaz minha intimidade contigo.
Preciso de paz, Senhor, paz interior,
aquela paz que perdi
nas agitações e nas preocupações cotidianas.
Dá-me paz, Senhor!
Preciso de luz, Senhor, da luz de
teu Santo Espírito.
Que ele me reconduza ao caminho
da santidade,

iluminando meus passos, meus desejos,
minhas decisões e minha vocação.
Faz-me compreender, nestes dias,
a necessidade e o valor de teu silêncio;
não de um silêncio imposto e mudo,
mas do silêncio orante.
Concede-me, Senhor, que, ao sair daqui,
tendo me encontrado contigo,
eu aprenda a te reconhecer
em meus irmãos e, neles, servir-te e
te amar com bondade.
Amém!

54
PARAÍSO PERDIDO

"A paz do coração
é o paraíso do homem."
Paz no homem, paraíso na terra.
Que pena!
A paz corre perigo...
Há corações vazios e sobra gente infeliz.
Em tempos modernos, já há gente que diz
que a paz sucumbiu e que o inferno é aqui.

55
ORAÇÃO DO ACOLHIMENTO

Senhor, minha oração nesta manhã
quer ser agradecimento e pedido.
Agradecimento porque sou obra de
tuas mãos.
Obrigado, porque, na simplicidade
de teu mistério, habitas em mim
e em cada irmão que me deste.
Obrigado por mais este dia
que me concedes viver.
Teu amor me dá mais do que mereço,
para que eu seja um filho feliz.
Nesta manhã, quero pedir-te, Senhor,
a graça de ser acolhedor de tua palavra,
como Maria, a mãe de Jesus,
que ouvia, meditava
e a guardava no coração;

como Maria, a irmã de Marta, que,
sentada aos pés do Mestre,
ouvia suas palavras, seu ensinamento de vida.
Que eu seja fiel a tua vontade
manifestada em tua palavra.
Que ela seja luz para meus olhos,
conforto para minha alma,
força para meus passos.
Que eu a anuncie com minhas obras
e minha capacidade de amar.
Amém!

56
OLHAR

Pelas ruas, em meu vagar,
encontro mil olhares em meu olhar.
Há sempre uma mensagem, uma necessidade,
uma incógnita, uma verdade.
Quem pode se negar a sorrir?
E aquele sorriso relâmpago,
responde a mil perguntas.
É como janela que se abre,
anunciando que o coração está em casa.
Um coração acolhedor,
capaz de ser e fazer alguém feliz.

57
SEM MIM NADA PODEIS FAZER

Senhor Jesus, neste momento em que elevo
a ti minha prece, recordo-me de tua palavra:
"Sem mim nada podeis fazer".
Sinto-me questionado.
Meu coração me diz que tenho confiado
muito em mim mesmo, em minha inteligência,
em minhas forças,
em minha capacidade de coerção,
em minhas posses
e na produção de meu trabalho.
Apesar de tudo, Senhor, há um vazio imenso
em minha vida,
uma falta de sentido em meus anseios
de ser e de ter.
Sinto-me como quem faz muito, porém
um "muito" que não é benéfico para ninguém,
porque carece de sentido; por isso
não me parece bom tudo o que faço.

Agora compreendo tuas palavras:
"Sem mim nada podeis fazer".
Elas querem dizer:
Sem mim nada de bom podeis fazer.
Compreendo, finalmente, Senhor, que,
em tudo o que fiz,
coloquei-me como centro.
Achei melhor não contar contigo.
Magoei pessoas tentando subir na vida.
Perdi a dimensão do mistério e da fé
e passei a acreditar que um homem
vale mais pelo que tem e produz
do que pelo que é.
Perdi a ternura de meu coração e a sensibilidade
de tua presença em mim e em meus irmãos.
Perdoa-me, Senhor! Perdoa-me!
Ajuda-me a recomeçar a vida, contando contigo.
Dá sentido a minha existência, a meu agir,
a minhas buscas e conquistas.
Que essas tuas palavras, com as quais
tocaste hoje meu coração,
questionem-me sempre,
para que eu jamais esqueça que sem ti nada
de bom poderei fazer.
Que tua bênção converta meu coração.
Que tua paz me acompanhe hoje e sempre.
Amém!

58
PARADOXO

Assim pensa um pessimista: a vida é uma dor.
Difícil demais suportá-la sorrindo,
e triste, em demasia,
suportá-la chorando.
Um homem feliz pensa diferente:
a vida é uma poesia que se completa a cada dia.
Linda demais para se viver chorando,
dom maravilhoso para se viver amando.

59
FILHO PRÓDIGO

Calem-se os sentidos.
Acalme-se o corpo.
Faça silêncio a alma e fale mansa,
contrita, com toda calma.
Tento rezar, sussurrar ao Eterno.
Sou filho pródigo, que volta,
arrependido, cheio de cansaço, faminto de vida;
desejoso de ser perdoado, acolhido, amado,
necessitado de um abraço
que cure a dor da ingratidão cometida.
Abraço terno do Pai Eterno,
que recupere em mim
a dignidade perdida, que me dê "roupa nova",
renove minhas forças e faça festa
em minha vida.

60
O SENHOR PROTEGE MINHA VIDA

Senhor,
bendito sejas por mais esta jornada
que me convidas a viver.
Sei que nada fiz para merecer tão grande dom.
É por isso que acredito, firmemente,
que tu és o Senhor
e protetor de minha vida.
Obrigado, meu Pai e Senhor,
pelo teu amor, que me recria constantemente,
pelo teu perdão, que concede a este filho,
tantas vezes pródigo
e ingrato, a força de se levantar, de voltar a teu convívio,
de recomeçar, de reencontrar o sentido da liberdade
e de experimentar a festa da vida.

Concede-me, Senhor, viver este novo dia
em comunhão contigo,
preparando-me para a eternidade.
Ensina-me a comungar na vida de meus irmãos.
Que no rosto deles, em suas necessidades,
nas alegrias e nas dores, nas angústias
e esperanças, eu te encontre, sirva e ame.
Peço-te ainda, Senhor, que não me deixes
perder jamais
a certeza de teu amor para comigo e
de tua presença constante em mim.
Tu és, Senhor, meu pastor.
Estando contigo nada me falta.
Amém!

61
LIBERDADE

Há sempre uma canção falando em liberdade.
E há sempre um coração que sofre
por não tê-la.
Badalada liberdade, descrita nos livros,
prometida nos palanques, bendita nos altares
e reclamada nos lares.
Em seu nome, já fizeram guerras,
derramaram sangue
e arrasaram vidas.
Estranha Liberdade!
Mundo confuso, de equilibrados presos
e de loucos livres.
Se para alguns ser livre é fazer o que se pensa,
curtir a vida de montão, para outros,
é ter e ser o que se quer.
Quanto a mim, acredito na liberdade.

Ela existe, como troféu que se conquista
no acidentado percurso da maratona da vida.
Mas nunca é demais questionar-se
e perguntar-se a cada dia:
O QUE É MESMO SER LIVRE?

62
ORAÇÃO PELOS AMIGOS

Senhor Jesus, eis-me aqui,
experimentando a graça de tua presença
neste momento de silêncio orante.
Quero colocar em tuas mãos
os amigos que me deste.
Eles são a grande riqueza de minha vida.
Creio que não foi o acaso que os colocou
em meu caminho
e sim tua vontade.
Eu os vejo e os sinto como irmãos,
como incentivo diante das dificuldades,
como anjos bons, que me ajudam
a experimentar o melhor do *humano*
e o inefável do divino.
Neles, encontrei um tesouro inestimável,
bálsamo para as feridas do corpo e da alma,
palavras certas em minhas horas incertas.

Portas sempre abertas quando o mundo
bloqueava todas
as entradas e saídas para minha felicidade.
Abençoa, Senhor, meus amigos.
Eu os coloco em tuas mãos, porque tu és
o melhor de todos os amigos.
Tu podes fazê-los felizes, santos,
capazes de ser e amar
segundo teu coração.
Sustenta-os em suas fraquezas.
Alimenta-os na fé. Fortalece-os na esperança.
Faz frutificar o trabalho de suas mãos.
Ajuda-os a experimentar em sua vida a graça
de terem amigos verdadeiros,
que lhes revelem teu rosto
no *mistério sem farsa* da amizade.
Concede-me, Senhor, tê-los comigo,
dentro de mim.
Que eu os ame do modo certo,
sem sufocá-los em sua liberdade
e sem podá-los em seus sonhos.
Que eu esteja presente em sua vida,
sendo sensível
e solidário em suas dores e alegrias.
Só assim, poderei descobrir que não há maior amor
do que dar a vida pelos amigos. Amém!

63
BENDITA AMIZADE

Bendita amizade.
Arrancou-nos do anonimato,
trouxe-nos à luz face a face.
Abriu-nos uma janela, preparou um cenário,
um lugar certo, para confidências e projetos.
Harmonizou nossas diferenças.
Abençoou nossas esperanças.
Fez-nos amigos
e batizou-nos com um novo nome: "NÓS".

64
ORAÇÃO POR UM MUNDO MELHOR

Senhor, nosso Deus, Pai santo e cheio de amor,
graças te damos por todos os dons,
que continuamente nos ofereces.
Queremos continuar caminhando
rumo ao Reino definitivo.
Que nossa fé nos ilumine para além
de toda dúvida.
Que nossa esperança nos conduza
para além de todo desespero e de todo fracasso.
Ajuda-nos a acreditar e esperar contra
toda esperança, pois a esperança não decepciona.
Revigora nosso amor, pois queremos
amar para além de toda a tristeza,
de todo o sofrimento,
de toda a sensação de abandono
e de toda a forma de ingratidão...

Fortalece nossa caridade contra o egoísmo,
para que nossa vida se torne um dom partilhado
e milagrosamente multiplicado por tua bênção.
Que nossa fraternidade seja solidária
e que nos sintamos, profundamente,
indignados contra todo poder
que se impõe pela violência,
e contra tudo o que desrespeita e degrada
a dignidade humana.
Somente assim, Senhor, com tua
graça, é que podemos contribuir para que
o mundo seja melhor,
casa de todos, sinal de teu Reino.
Amém!

65
SOU FELIZ

Sou o amado que ama.
O que mais me pode faltar?
O que mais posso dizer sobre mim?
Nada!
Isso basta para ser feliz!

66
NOSSO CORAÇÃO ESTÁ EM DEUS

Senhor,
com teu olhar sobre mim,
estou começando mais uma jornada de vida.
Sinto-te, tomando minhas mãos,
chamando-me de "filho amado",
perdoando meus pecados
e oferecendo-me infinitas graças e bênçãos.
Mesmo silenciosa, minha prece é eloquente,
plena de gratidão.
Obrigado, Senhor, pela graça do pão
em minha mesa;
pela saúde, que me torna o mais rico
de todos os homens;
pela família da qual sou parte;
pelos amigos que partilham comigo

as alegrias e as cruzes do caminho;
pelo trabalho, que me torna merecedor
do pão que me alimenta
e que dignifica minha solidariedade
com os mais necessitados.
Obrigado por tudo, Senhor!
Que minha vida, minhas palavras,
minhas ações e meu jeito de amar os irmãos
sejam um testemunho convincente
de que Tu vives em mim
e que meu coração está em ti. Amém!

67
GOSTO QUE ME FALEM DE AMOR

Gosto que me falem de amor,
porque, quando me falam de amor,
eu não me permito esquecer que amar
é a grande prioridade da vida.
É a vocação mais sublime do homem.
A mais urgente de todas as necessidades.
Bendito sejam todos aqueles
que falam do amor.

68
ORAÇÃO PARA O TEMPO PRESENTE

Senhor Jesus,
há muita confusão espalhada por aí.
Muitas encruzilhadas. Falsos caminhos,
falsas religiões e falsos pastores.
Há muita gente vivendo a religião do medo
porque há falsos profetas
pregando o aniquilamento do mundo.
Concede-nos, Jesus, viver nossos dias
iluminados por ti, pois tu és a luz do mundo.
Que não trilhemos os caminhos
que o mundo oferece,
mas sigamos a ti, pois és o caminho
para o Pai.
Que não nos enganemos
professando falsas doutrinas

e vãs filosofias;
mas que professemos nossa fé em ti,
pois Tu és a verdade.
Que não percamos nossa vida
nos deixando seduzir
por movimentos e seitas que pregam o ódio,
mas que abracemos, com todas as forças que
nos ofereces, as exigências do Cristianismo,
a certeza da vida Eterna, que, por Tua morte
e Ressurreição, asseguraste para
todos os que creem.
Que professemos, contra toda cultura
de morte, nossa fé
inabalável em ti, o Deus da vida.
Que o **Testemunho**, o **Serviço**, o **Diálogo**
e o **Anúncio** sejam atitudes vitais de nossa
Vida Cristã, para que o mundo creia que
Tu estás em nós e que és **"O MESMO, ONTEM, HOJE E SEMPRE"**, o Senhor da história.
Amém!

69
DESCAMINHOS

Correm.
Os homens correm.
Destroem,
constroem,
produzem,
consomem,
matam... e morrem.
E muitos nem chegam a ser felizes.
Pobres homens!
Desesperançados.
Prepotentes.
Desvairados.
Perdem-se em seus caminhos.
Ocultam suas feridas.
Maldizem a sorte.
E fazem de suas vidas
um ritual de morte.

70
SÓ O AMOR PERMANECE

Sigo, passo a passo,
na longa jornada
de uma existência breve.
Entre felicidades escassas,
dou-me conta de que tudo passa.
Exceto o amor, que permanece.
Aquele amor, pelo qual vale a vida,
que torna o difícil fácil
e faz do pesado um fardo leve.

ÍNDICE

1. A meu Cristo sem braços 11
2. Esperança 13
3. Oração para aprender a servir 14
4. O amor é cego? 16
5. Oração do compromisso 17
6. Contrastes 19
7. Sob o olhar de Deus 20
8. Apocalipse 22
9. Para aprender a dar a vida 23
10. Amanhecer 25
11. Oferta da vida 26
12. Vida 28
13. Súplica 29
14. Clamor 31
15. O rosto de Deus nos irmãos 32
16. A força do amor 34
17. Pai-nosso 35
18. Contradição 37
19. Oração da juventude 38

20. Overdose 40
21. Oração da amizade 41
22. Mistério sem farsa 43
23. Oração pelos pais 44
24. O amor é... o amor 46
25. Ao Deus do mistério e da simplicidade 47
26. Amar vale a pena 49
27. Ao Deus do perdão e da festa 50
28. Erro e perdão 52
29. Uma prece sem pressa 53
30. Século da pressa 55
31. Oração da ternura 56
32. O amor 58
33. Oração da confiança 59
34. Convite da vida 61
35. Oração em favor dos irmãos 62
36. Solidariedade 64
37. Oração de aprendiz 65
38. Sombra e luz 67
39. Oração para aprender a perdoar 68
40. Matemática do amor 70
41. Uma prece ao amanhecer 71
42. É preciso amar 72
43. Por um novo dia 74
44. Milagres do cotidiano 76
45. Louvor 78
46. Capelo Gaivota 80

47. Oração Salmo 42 81
48. Construção de mim 83
49. Ave, Maria, cheia de graça 84
50. A bênção do amor 86
51. Oração para crescer na fé 87
52. Deus, onde estás? 89
53. Oração para um retiro espiritual 90
54. Paraíso perdido 92
55. Oração do acolhimento 93
56. Olhar 95
57. Sem mim nada podeis fazer 96
58. Paradoxo 98
59. Filho pródigo 99
60. O Senhor protege minha vida 100
61. Liberdade 102
62. Oração pelos amigos 104
63. Bendita amizade 106
64. Oração por um mundo melhor 107
65. Sou feliz 109
66. Nosso coração está em Deus 110
67. Gosto que me falem de amor 112
68. Oração para o tempo presente 113
69. Descaminhos 115
70. Só o amor permanece 116

A marca FSC® é a garantia de que a madeira utilizada na fabricação do papel deste livro provém de florestas que foram gerenciadas de maneira ambientalmente correta, socialmente justa e economicamente viável.

Este livro foi composto com as famílias tipográficas Dunbar e Segoe e impresso em papel Offset 70g/m² pela **Gráfica Santuário**.